Naiem Ahmadinejadfarsangi

Ali Sayad Shirazi

Naiem Ahmadinejadfarsangi

Ali Sayad Shirazi

شهید سپهبد صیاد شیرازی

Éditions Muse

Cover image: www.ingimage.com

Publisher:
Éditions Muse
is a trademark of
International Book Market Service Ltd., member of OmniScriptum Publishing Group
17 Meldrum Street, Beau Bassin 71504, Mauritius
Printed at: see last page
ISBN: 978-620-2-29768-4

Ali Sayad Shirazi

Naiem ahmadinejadfarsangi

Table des matières

A propos d'Ali Sayad Shirazi

Ali Sayad Shirazi est né le 5 juin 1958 à Dargaz, dans la province de Khorasan Razavi. Il dit à propos de sa famille: Mes ancêtres sont d'une tribu appelée Akht

Afshar, qui s'est étendue d'Isthabanat et Neyriz dans le Fars à Sirjan, Baft et Jiroft à Kerman. Mon grand-père Sayad, avec ses enfants et son bétail, est parti pour Khorasan et la ville de Mashhad il y a des décennies et a déménagé dans la ville de Dargaz. Après ma naissance et avoir vécu dans cette ville pendant environ un an, selon le travail de mon père en tant qu'officier de gendarmerie, j'ai vécu à Mashhad pendant environ 2 ans et passé environ 15 ans à Mazandaran, dans les villes de Gorgan, Amol et Gonbad Kavous. J'ai passé la sixième année de mathématiques, la dernière année du lycée à Téhéran, et j'ai obtenu mon diplôme du lycée Amirkabir.

Sayad Shirazi est allé à l'armée après avoir terminé ses études et à la fin de cette période, il a été embauché par l'ancienne gendarmerie et en raison de sa bravoure et de ses activités, il a été transféré à l'armée et avant la révolution islamique, il a travaillé dans l'armée dans des villes telles que Gorgan, Mashhad, Amol et Shahroud. Était. Puis il est allé au Collège des officiers de l'armée et en 1346 il a obtenu son diplôme de ce collège avec le grade de sous-lieutenant dans la catégorie artillerie. Il a également réussi les cours de parachutisme et de garde forestier avec le premier grade et après cela, il a continué son travail en tant qu'officier d'artillerie. Concernant ses actions après avoir obtenu le grade d'officier, il dit: Après un an de formation de base dans le domaine de l'artillerie, je suis allé à la 2e division à Tabriz. En 1348, Qasr Shirin reçut la mission de stationner aux frontières occidentales du pays auprès de la 2e division de Tabriz. En tant qu'officier de quart d'artillerie et pompier adjoint, j'ai passé environ un an dans cette mission. La division Tabriz a été dissoute en 1349, et notre bataillon, qui était le 302e bataillon d'artillerie, a été transféré à l'artillerie de Lashkari, la 81e division blindée de Kermanshah, et je suis devenu le commandant de l'artillerie. Après avoir été muté et nommé au commandement des pompiers du 316e bataillon d'artillerie, je suis allé à Téhéran pour suivre un cours d'anglais. Puis, après avoir été accepté à l'examen d'entrée pour l'envoi à l'étranger en 1351, je suis allé aux États-Unis pour un cours d'artillerie spécialisé appelé le cours de météorologie balistique d'artillerie.

Après avoir réussi le cours d'artillerie spécialisé aux États-Unis, ce célèbre commandant a enseigné avec le grade de premier lieutenant et le titre de professeur au centre de formation d'artillerie d'Ispahan, et dans les mêmes circonstances, il a commencé son travail pour organiser l'armée révolutionnaire et avec quelques individus et clercs avec des soldats. Et les officiers révolutionnaires étaient en contact, échangeant des vues. Les mêmes luttes politiques du martyr Sayyad Shirazi l'ont amené à être arrêté et emprisonné le 10 février 1979, et il a été libéré par les révolutionnaires le 11 février de la même année.

Commandant des opérations dans l'ouest du pays et différend avec Bani Sadr

Avant la victoire de la révolution islamique, ce commandant moudjahidin a défendu le pays pendant plusieurs années dans diverses parties de l'armée, en particulier dans l'ouest du pays, et a déployé des efforts considérables pour organiser et faire fonctionner les forces révolutionnaires dans l'armée. En raison de sa grande capacité d'organisation, il a été remarqué par l'imam Khomeiny et les partisans de la révolution islamique et en 1979, il a été nommé commandant des opérations dans l'ouest du pays et de diverses opérations contre les groupes communistes et contre-révolutionnaires au Kurdistan. et les villes de Paveh, Marivan et même Sanandaj. Ils avaient commencé à se désintégrer, il l'a fait.

La préparation de plans opérationnels uniques et ses efforts d'organisation de l'armée et de la structure des forces armées ont conduit à la rupture du siège des villes de Sanandaj et des casernes de Marivan, Baneh et Saqez. Après la mise en œuvre réussie de ce plan, Sayad Shirazi a été promu au commandement des opérations occidentales du pays avec 2 grades de promotion avec le grade de colonel, mais il s'est opposé au commandement de Bani Sadr dans la gestion de la guerre occidentale depuis le début et a déclaré que Bani Sadr a toujours été entre l'armée et le CGRI. Cela provoque la controverse, c'est pourquoi Bani Sadr a ordonné son éviction de 2 degrés. Après l'éviction de Bani Sadr et pendant la présidence de Mohammad Ali Rajaei, Sayyad Shirazi s'est vu confier la responsabilité de la base de Hamzeh Seyyed al-Shohada pour la coordination entre l'armée et le CGRI. . L'une de ses actions les plus importantes à ce poste et jusqu'à la fin de 1981 a été la coordination entre l'armée et le CGRI. Établir l'unité entre les forces armées et les forces de défense du pays et maîtriser l'ennemi et préserver l'intégrité territoriale du pays et conquérir les fronts droit contre faux dans les opérations de Samen al-A'meh, Tariq al-Quds, Fatah al-Mubin, Jérusalem et autres opérations victorieuses pour observer et défendre les frontières du pays. Ses actions ont été imposées après la révolution et pendant la guerre.

L'ayatollah Hashemi Rafsandjani dit à propos des services de Sayad Shirazi: Sayad Shirazi était un digne et fier commandant de l'armée islamique. Il a joué un rôle efficace et décisif dans les opérations et le commandement de la guerre, et après la guerre, avec son bagage de réserves scientifiques et expérimentales, il a été la source de nombreux services et bénédictions pour les forces armées de la République islamique.

Aussi, le magazine français Malin, publié en 1983, décrit Sayad Shirazi comme suit: Pour Sayad Shirazi, le commandant de l'armée iranienne, la clé de la victoire ne dépend pas des chars et des missiles; Au contraire, cela dépend uniquement de la croyance en Dieu. Petite taille, aspect brillant et mains jointes avec un anneau d'agate lisse sur la table d'état-major interarmées. Ce spécialiste de l'artillerie, qui a terminé sa formation spécialisée aux États-Unis et commande actuellement l'armée iranienne, n'a pas peur des formules. «Je suis un soldat de l'Islam», dit-il simplement.

Commandement de la dernière bataille d'Iran dans la guerre imposée

Au cours des huit années de sainte défense, qui a été le sommet de la résistance et du sacrifice de soi du peuple et des combattants de l'Iran islamique, les hypocrites se sont joints à l'ennemi et ont directement et indirectement tenté de frapper le système de la République islamique d'Iran et le combattants de l'Islam. Pendant la guerre imposée, ils se sont engagés dans le travail de renseignement et à d'autres moments directement avec le soutien logistique, le sabotage, l'assassinat et même la présence sur les champs de bataille, qui selon Sayad Shirazi, les hypocrites étaient des assistants de l'armée ennemie, mais parmi les opérations que le hypocrites directement Ils sont arrivés, c'était une opération appelée Forough Javidan, qui a commencé une semaine après l'adoption de la résolution 598 par l'Iran le 23 août 1988, depuis

Khaneqin, Khosravi, Sarpol-e Zahab, Korand, Kermanshah.

En Iran, une opération appelée opération Mursad a été menée sous le commandement de Sayad Shirazi contre les hypocrites. Le point culminant du sacrifice, du commandement et de la bravoure de Sayad Shirazi remonte aux opérations des hypocrites en Iran. Ce commandant courageux et ingénieux, après avoir été présent dans la région via le commandement aérien mobile et à l'aide d'un hélicoptère, a identifié tous les axes de l'attaque des hypocrites et a pris l'initiative des hypocrites et a stoppé le mouvement de la colonne militaire des hypocrites. Sayad Shirazi dit dans ses mémoires sur l'opération Mursad: A l'époque, j'étais le représentant de l'Imam Khomeiny au Conseil suprême de la défense, et à 20h30 le 3 Mordad 1967, le chef d'état-major adjoint des forces armées m'a appelé et m'a dit que l'ennemi était de Sarpol-e Zahab. Et le cou de la salle arrive, il avance et vite (à ce moment-là je ne servais pas dans l'état-major) et on m'a donné un ordre de mission. Dans la nuit, je suis arrivé à Kermanshah par un avion Falcon et j'ai observé de près la scène de l'avancée de l'ennemi et j'ai réalisé la situation ... Le matin du 26 août 1967, l'opération Mursad a commencé avec Ramz ou Ali (AS). Il y avait tellement d'enfer pour les alliés de Saddam dans le détroit de Chahar Zabar qu'il n'y avait pas le temps de le regretter.

Dans le cadre de l'opération Mursad, menée sous le commandement de Sayad Shirazi, environ 2 000 hypocrites ont été tués et 1 500 ont été blessés, 1 000 fuyaient la région et 150 ont été faits prisonniers. En outre, plus de 120 chars, 400 véhicules de transport de troupes, 240 mortiers de 80 et 60 mm et 30 canons de 106 mm ont été détruits. Le butin également obtenu comprenait des centaines de RPG-7, de l'artillerie et des mortiers, des dizaines de chars et de véhicules de transport de troupes, 12 canons de 122 mm. Et certains équipements électroniques et de télécommunication.

Le général de brigade Mohammad Reza Fouladi dit à propos de l'opération Mursad:

"Cette opération a provoqué l'humiliation des hypocrites et des ennemis de l'islam et a apporté honneur et victoire aux guerriers de l'islam et de la nation iranienne." Avec la victoire dans l'opération Mursad, les dernières balles tirées au cours des 8 années de sainte défense ont atterri sur la poitrine des hypocrites détestés et ont marqué une autre feuille d'or et un autre honneur pour les forces armées et le peuple de cette terre afin que les ennemis jurés sachent que défendre la révolution islamique et ses frontières Le caractère sacré de cette terre et de cette eau est possible à tout moment et en tout lieu, et les étrangers, mercenaires et hypocrites n'ont pas leur place en Iran et n'auront pas de place. Le martyr Sayyad Shirazi était alors le représentant de l'imam Khomeiny au Conseil suprême de la défense. L'opération de patrouille aérienne a été planifiée par Sayad et toutes les forces de l'organisation hypocrite ont été détruites à Tang Chahar Zir (actuel Mersad) et depuis lors, l'organisation hypocrite a pris une étrange rancune contre lui.

Quelques responsabilités du général de division Sayad Shirazi après la révolution

Ce commandant courageux et engagé a été nommé par l'Imam pour commander les forces terrestres de l'armée de la République islamique en octobre 1981, et a été promu au grade de général de brigade le 7 mai 1987, après la fin de la guerre imposée en 1989 par le décret de l'ayatollah Khamenei. Il a été nommé inspecteur général adjoint de l'état-major général des forces armées et, en septembre 1993, il est devenu chef adjoint de l'état-major général des forces armées. De plus, le 26 avril 1999, il a été promu au grade de général de division par le guide suprême.

Témoin

Finalement, ce commandant engagé a été attaqué par un inconnu le 12 avril 1999, alors qu'il sortait de chez lui dans sa voiture pour aller travailler. Selon des témoins oculaires, le terroriste était en embuscade près de sa maison en costume de balayeur et lui a tiré dessus alors qu'il quittait la maison. Un porte-parole du groupe terroriste hypocrite a contacté l'AFP à Nicosie et a revendiqué la responsabilité du crime. Après son martyre, il a reçu le grade de lieutenant général par le guide suprême. La décision se lit comme suit: << Merci à la bravoure et aux sacrifices du glorieux émir de l'armée islamique et du soldat sincère et dévoué de la religion et du Coran, un pieux, pieux, pieux et courageux commandant de huit ans L'année de la sainte défense du général Ali Sayyad Shirazi, martyrisé par les grands ennemis des criminels, sanguinaires et hypocrites, le grade de lieutenant-colonel sera décerné à ce grand émir pour rester en signe de son honneur et de son mérite

Mojahedin Khalq

L'Organisation des Moudjahidine du peuple d'Iran, qui est devenue connue sous le nom d'hypocrites après la révolution, a été fondée en septembre 1954 par trois membres du Mouvement iranien pour la liberté, Mohammad Hanifunejad, Saeed Mohsen et Ali Asghar Badiezadegan.

L'organisation a commencé ses activités en s'appuyant sur les deux principes de la lutte armée et en insistant sur la nécessité d'une organisation scolastique ou sur l'idéologie de la lutte. En fait, la faiblesse de l'organisation dans le sens de la lutte idéologique s'est formée à partir d'ici et en donnant de l'originalité aux enseignements marxistes en tant que science de la lutte. L'éloignement de l'organisation par rapport aux combattants religieux et au clergé a conduit, en peu de temps, les membres de cette organisation à des luttes fondées sur les enseignements des groupes de gauche, qui ont donné de l'originalité aux luttes armées. Ainsi, à la fin de 1347, le quartier général de cette organisation prépara le terrain pour une guerre armée, mais avant que toute action ne soit entreprise par SAVAK en 1350, et la plupart de ses principaux cadres furent arrêtés et emprisonnés. En l'absence des membres initiaux de l'organisation, qui étaient au moins tenus de maintenir une apparence religieuse pour leur organisation, en 1975, un certain nombre de cadres restaient dans l'étude des causes de l'échec de l'organisation, la sortie des échecs successifs. reconnu une tendance au marxisme. Ils ont publié une déclaration de changement de positions idéologiques et ont ouvertement déclaré le marxisme comme la science de la lutte et l'idéologie de l'organisation. Ce changement de position ne s'est pas fait sans une réaction des forces religieuses de l'organisation, bien que les opposants à ce mouvement, dont Majid Sharif, Waqfi et Morteza Samadiyeh

Labaf, aient été immédiatement tués par les partisans marxistes de cette organisation.

Les autres membres de l'organisation en prison n'étaient pas isolés de ce changement d'idéologie. Sous couvert d'alliance avec d'autres groupes luttant contre le régime Pahlavi, ils ont annoncé des positions communes avec la guérilla Fada'i, un groupe marxiste. La réaction des forces religieuses menées par le clergé en prison à cette question a été le boycott de cette organisation. Bien sûr, à partir de ce moment-là, l'organisation a montré son visage hypocrite par rapport aux autres combattants, et dans un mouvement que les dirigeants de l'organisation eux-mêmes ont qualifié de mouvement tactique, ils ont annoncé qu'ils avaient séparé leur politique politique et idéologique des marxistes. et même d'autres membres. L'organisation en dehors de la prison était qualifiée d'opportuniste.

En dehors de la prison, l'organisation s'est rapidement rétrécie après quelques petites opérations contre le régime Pahlavi et les coups durs qu'elle a reçus, et son idéologie marxiste a montré son inefficacité à faire avancer la lutte et même à attirer de nouvelles personnes dans l'organisation. Ainsi, à la suite de la victoire de la Révolution islamique, il ne restait plus de cette organisation qu'un petit groupe marxiste appelé «Lutte pour la liberté». Et le titre de l'organisation Mojahedin Khalq était porté par les gens qui étaient en prison.

Simultanément à la victoire de la glorieuse Révolution islamique dirigée par l'Imam Khomeiny (RA), l'organisation avait une présence faible et passive, et bien sûr dans ces circonstances, elle a organisé les forces dans de nouvelles conditions et a cherché à pénétrer les centres sensibles de la nouvelle création. Système islamique. Cette organisation s'est progressivement distancée des rangs des forces révolutionnaires et, suite au processus de création de crise, a commencé à se rassembler, à s'asseoir et à tenir de fréquentes manifestations contre le régime. Ces questions peuvent être considérées comme le début de la phase de révolte sociale des hypocrites.

La disqualification de Massoud Radjavi, le candidat de l'organisation à l'élection présidentielle, en raison de la non-acceptation de la constitution et de l'échec consécutif de l'organisation au premier tour des élections législatives, a accru l'angle de la population avec le système islamique. L'organisation s'est rangée du côté de Bani-Sadr dans la discussion de l'élection présidentielle, de sorte qu'en recevant le feu vert de Bani-Sadr, il espérait qu'il serait en mesure de continuer d'exercer le pouvoir et de lutter contre la République islamique. Ainsi, les affrontements de rue s'intensifièrent au début de 1959. La forme de lutte à grande échelle de ces conflits devrait être envisagée lors de la cérémonie du 5 mars, qui était en fait le pic de coordination entre Bani Sadr et l'organisation des hypocrites.

Le comportement des membres de l'organisation, le 5 mars, a indiqué qu'ils étaient prêts pour des opérations armées. Cela ne s'est produit que trois mois plus tard, à la suite du renvoi de Bani-Sadr avec l'annonce d'une phase militaire par l'organisation. Cette phase militaire était en fait l'annonce officielle de la politique de terreur et de violence des hypocrites et la préparation du massacre du 20 juin.

Le 20 juin 1981 est l'anniversaire de l'entrée de l'organisation hypocrite dans la phase armée.

Mais l'un des plus grands crimes commis par l'organisation dans les années 1960, qui après 30 ans était toujours détesté par les partisans ou même les opposants du régime, a été que le chef de l'organisation, afin de coopérer avec les ennemis de l'Iran, a suivi son forces pendant des années. Il les avait déjà envoyés en Irak et, en 1986, il est allé de Paris à Bagdad pour aider le régime baasiste en Irak, qui était en guerre avec l'Iran, dans le cadre de l'armée irakienne, même en tant que mercenaire, pour servir Saddam à Dans tous les cas, cela portera un coup dur au système islamique.

Les hypocrites ont infligé de nombreux services à l'ancien dictateur de l'Irak en infiltrant la ligne de leurs propres forces;

Ces services comprennent toutes sortes d'informations que les membres de cette organisation ont fournies à l'armée irakienne. Il existe de nombreuses vidéos de ces réunions secrètes enregistrées par les services de renseignement irakiens, qui montrent la profondeur de la trahison de l'organisation. Bien sûr, Saddam n'a pas ignoré les services des hypocrites et a pris grand soin d'eux, et en plus des bases militaires en Irak et des armes, il leur a donné beaucoup d'autorité dans ce pays arabe.

La fin de la guerre pour l’organisation hypocrite a marqué la fin de l’ère des mercenaires pour l’Iraq et la question de savoir pourquoi ils étaient présents dans ce pays. En particulier, cela a accru les chuchotements d'insatisfaction et de questionnement parmi les membres de l'organisation. Ainsi, Massoud Radjavi a envoyé nombre de ses membres mécontents sur les lignes de front de la guerre en ordonnant la conduite de l'opération Mursad, en plus d'annoncer la poursuite des mercenaires pour le régime baasiste en Irak et Saddam lui-même. Bien entendu, la fin de l'opération Mursad a été très malheureuse et inimaginable pour les hypocrites. Les hypocrites ont ensuite poursuivi leur ligne mercenaire avec l'armée baasiste de Saddam en réprimant les soulèvements populaires en Irak et en menant des opérations terroristes à l'intérieur des frontières de l'Iran, plus de deux décennies après la présence des hypocrites en Irak et le renversement de Saddam, leur plus grand partisan en Irak. le pays, les hypocrites qui prétendaient combattre l'impérialisme n'avaient d'autre choix que de se rendre aux États-Unis et à Israël et à partir de là. Ils ont mis l'espionnage des ennemis de l'Iran et la propagande contre l'Iran à l'ordre du jour.

Le gouvernement irakien post-Saddam, à la lumière des crimes du groupe terroriste contre le peuple iranien et même le peuple irakien, a publié une déclaration fin décembre 2011 fixant la date limite pour que les hypocrites quittent l'Irak. Mais parce que les hypocrites hésitaient à quitter facilement leur camp militaire, et aussi en raison du besoin américain du groupe le long des frontières de l'Iran, le gouvernement irakien, sous la pression internationale, a prolongé la frappe en plusieurs étapes, selon un accord conclu entre l'Irak et la Mission d'assistance des Nations Unies en Irak (MANUI) signe un accord avec environ 3 400 membres des hypocrites du camp d'Achraf, en plusieurs groupes, pour le camp Liberty près de l'aéroport international de Bagdad, ancien camp militaire américain. Devaient être transférés, afin que le HCR puisse déterminer leur statut d'asile et les transférer vers des pays tiers. La profondeur de la méchanceté et de la sauvagerie de l'organisation hypocrite est telle que, malgré les demandes répétées de Banquimon et d'autres responsables de l'ONU, aucun pays n'a refusé de les accepter.

Enfin, à la poursuite du gouvernement et du peuple irakiens, le 19 février 2012, le premier groupe de membres du groupe d'hypocrites a été transféré du camp d'Achraf, situé à 60 km de la capitale irakienne, au camp Liberty. Par la suite, les autres membres ont été progressivement expulsés de leur camp militaire à Achraf en plusieurs groupes et détenus au camp Liberty sous la protection des forces américaines et irakiennes.

Organisation pendant la guerre

En 1986, l'organisation a pris une autre action insensée, qui, bien sûr, était enracinée dans la position de la première organisation sur la guerre imposée. Dans une situation où le pays faisait face à une guerre imposée, quelques mois après la guerre, Massoud Radjavi dans son message Nowruz, l'imposition de la guerre au pays en raison de l'incompétence des responsables et de l'ingérence dans les affaires d'autrui. L'organisation voulait montrer que la raison du déclenchement de la guerre était l'ignorance et le mépris des lois régissant la politique et les relations internationales. Dans son message, Radjavi a noté que les dirigeants de la République islamique "ont nourri l'idée d'une ouverture mondiale dans leur tête et, avec leur propagande grossière et maladroite, ont enflammé les flammes d'une guerre qui brûle les maisons". Ce faisant, Radjavi essayait de minimiser le rôle de l'Irak et des pays occidentaux, y compris les États-Unis, dans le déclenchement de la guerre. C'est comme si l'égoïsme de Saddam et le feu vert des États-Unis pour attaquer l'Iran n'avaient aucun rôle dans le déclenchement et la poursuite de la guerre.

Après la fuite de Bani-Sadr et Radjavi à Paris, le Conseil national de la résistance a été formé en France avec la participation d'un certain nombre de groupes opposés à la République islamique. Selon un pacte signé par les membres du conseil, le président Bani-Sadr et le premier ministre Radjavi ont été présentés comme membres de la République démocratique islamique. En raison du petit nombre de membres et de la faiblesse de l'organisation, le Conseil national de la résistance était largement contrôlé par l'organisation Mojahedin Khalq.

Massoud Radjavi s'est rendu à Bagdad le 8 juin 1986, sous prétexte que le gouvernement français avait fait pression sur lui, en signant un accord à Paris avec

Tariq Aziz. Après son arrivée, les forces de l'organisation ont été organisées dans des bases organisationnelles en Irak, et avec le soutien de l'armée irakienne, elles ont mené une série d'opérations sur les fronts nord. Lorsque Radjavi est entré en Irak, le Conseil national de la résistance a annoncé dans un communiqué de sa réunion du 13 mai 1986:

«Afin de déjouer les conspirations de l'ennemi d'une part et de répondre aux exigences de la nouvelle phase et de préparer le soulèvement d'autre part, la résidence du chef du conseil sera transférée d'Europe en Irak.» Le National Le Conseil de la Résistance considère ce transfert comme nécessaire et comme la dernière étape pour entrer dans la patrie afin d'étendre et d'organiser étroitement les forces armées de la révolution. "

Après l'arrivée de Radjavi en Irak, les forces militaires de l'organisation ont mené diverses opérations le long de la frontière iranienne avec le soutien de l'armée irakienne dans des régions telles que Sardasht, Dehloran, Marivan, Sarpol-e

Zahab, au sud de Baneh, et les hauts plateaux de Kermanshah. Au cours de ces opérations, de nombreuses victimes et armes ont été infligées à certaines unités et bases dispersées des forces militaires iraniennes.

D'autres actions de l'organisation comprennent des opérations de sabotage et d'assassinat à l'intérieur de l'Iran, en particulier l'assassinat de combattants et de commandants militaires iraniens, l'espionnage des activités militaires iraniennes, le lancement de propagande anti-iranienne et de rumeurs à travers la radio de l'organisation en Irak afin d'affaiblir la volonté et Il a noté la baisse du soutien public sur le champ de bataille, l'écoute électronique des conversations sans fil et téléphoniques iraniennes, la fourniture d'informations précieuses sur les installations militaires et économiques de l'Iran aux agences de renseignement irakiennes et, dans certains cas, des affrontements directs et des attaques contre les forces iraniennes sur le champ de bataille. . À la fin de 1987, l'organisation a présenté ses services au régime baasiste sous la forme de statistiques comme suit: 99 opérations faisant des victimes contre 9 300 soldats iraniens et la capture de 860 personnes. Cependant, les preuves militaires iraniennes montrent de sérieux doutes quant à l'exactitude de ces statistiques.

L'opération Mursad peut être considérée comme la fin de la coopération de l'organisation avec le régime baasiste en Iran. L'optimisme, les inexactitudes et l'ignorance du monde environnant, qui est l'une des caractéristiques les plus importantes des organisations fermées telles que l'organisation Mojahedin Khalq, ont amené l'organisation à faire face à la résistance du peuple et de l'armée malgré la violence initiale et les progrès initiaux, et ont rêvé de atteignant Téhéran pour toujours. Laissez-le à l'histoire. Au cours de cette opération, l'organisation a subi de lourdes pertes et a perdu plus de 438 chars et véhicules de transport de troupes et 1 200 équipements militaires tels que des mortiers, des canons antiaériens et des armes individuelles. En outre, des dizaines de chars, de véhicules de transport de troupes, de véhicules et des centaines d'armes légères ont été pillés par les forces iraniennes. Le nombre de Mojahedin tués dans cette opération se situe entre 1500 et 2506 personnes.

Dès lors, l'organisation n'a eu d'autre choix que de soutenir Saddam de manière injustifiée pour justifier sa présence en Irak. La guerre Iran-Irak était terminée et Saddam aspirait à compenser son échec dans la guerre avec l'Iran et à persuader l'opinion publique en envahissant le Koweït.

Références

[1] Rashidzadeh, Fathollah, 2008, Command Character and Behavior (Volume 1), Imam Ali Officer University Press, pp. 83-91

[2] Nabavi, Mohammad Hassan, 2007, Islamic Management, Book Garden Institute, p. 132

[3] Rashidzadeh, Fathollah, 2008, Command Character and Behavior (Volume 3), Imam Ali Officer University Press, p. 17

[4] Authority, Ali Mohammad, 1375, Organization and Management, Molavi Publications, p. 61

[5] Hosseinia, Ahmad, 2007, Jelveh Yar, Iran Sabz, p. 33

[6] Anbardaran, Amir Hossein, 2002, Amir Delavar, Shahed Publishing, p. 21

[7] Amjadi, Abdolhakim, 2005, Decision Theory, Imam Ali (AS) University of Tehran Press, p. 20

[8] Alwani, Seyed Mehdi, 2001, Government Decision Making and Policy Making, Samat Publications, p. 123

[9] Akbari, Ali Akbari, 2007, Sayad Shirazi, published by Yazhara, peace be upon him, p. 10

[10] Mirshafiei, Nasrollah and Alvani, Mehdi, 1989, Production Management, Astan Quds Razavi, p. 19

[11] Nowruzi Farsangi, Ahmad, 2006, Manesh Command, 2006, Arshan Publications, p. 55

[12] Sayad Shirazi, Ali, 2002, Special notes of General Ali Sayad Shirazi, Green Iran, pp. 117 - 274

[13] Veisi, Gholamreza and Savadi, Mohammad Ali, 2006, Organizational Behavior in the View

of Islamic Management, Zamzam Hedayat, p. 80

[14] Hosseinia, Ahmad, 2009, Fisherman of Hearts, Ideological Political Organization of the Army of the Islamic Republic of Iran, pp. 42-82

[15] Avani, Ali, 2007, Sokhan Ashna, Naja Publishing, p. 60

[16] Dehghan, Ahmad, 1378, The Untold Stories of the War, Osweh Publications, p. 314

[17] Shakiba, Hamid, 2009, Golden Ladder, Green Iran, pp. 66-67

[18] Kabiri, Ghasem, 2007, Fundamentals of Organizational Behavior, Stephens Robbins, Cultural Research Office, p.72

[19] Makarem Shirazi, Nasser, 1988, Management and Command in Islam, Hadaf Publications, pp. 70-75

[20] Sadeghi Goya, Ali, 2000, Operation Shindra, War Education Board, p. 33

[21] Momeni, Mohsen, 2003, in the ambush of the Red Rose, Surah Mehr, pp. 93-355

Printed by Books on Demand GmbH, Norderstedt / Germany